LA DÉDUCTION

DES

DETTES ET DES CHARGES

DANS L'IMPOT SUR LES SUCCESSIONS

PAR

M. Ernest DUBOIS

Professeur d'enregistrement à la Faculté de droit de Nancy

Extrait de la Revue générale d'administration

PARIS

BERGER-LEVRAULT ET Cie, LIBRAIRES-ÉDITEURS

5, RUE DES BEAUX-ARTS, 5

MÊME MAISON A NANCY

1878

LA DÉDUCTION

DES DETTES ET DES CHARGES

DANS L'IMPOT SUR LES SUCCESSIONS

I.

La déduction des dettes dans l'impôt sur les successions est en ce moment à l'ordre du jour. Elle a fait aux Chambres l'objet de plusieurs propositions et même de quelques rapports pendant ces dernières années, à l'Assemblée nationale d'abord, puis à la Chambre des députés. Elle a appelé également l'attention du Gouvernement : le 14 novembre 1876, le ministre des finances, M. Léon Say, a nommé une commission chargée d'étudier la réforme qui pourrait être apportée sur ce point à notre législation fiscale. Enfin, l'opinion s'en est emparée, et bien que cette question ne puisse la passionner comme le font les questions politiques ou religieuses, elle y a excité un vif intérêt. Elle est en effet d'un intérêt considérable, sous quelque aspect que l'on veuille l'envisager, au point de vue financier comme au point de vue proprement juridique et au point de vue moral. Mais elle offre aussi de graves difficultés et il s'en faut de beaucoup que la solution en soit aussi simple qu'elle peut le paraître à première vue.

Un mot d'abord de son importance relativement aux finances de l'État. Si nous commençons par là, ce n'est pas que les considérations d'argent doivent, à nos yeux, l'emporter sur toutes les autres, mais c'est qu'il s'agit d'un impôt et que, par suite, il est essentiel de se rendre compte de ce qu'il rapporte au Trésor public.

Dans l'état actuel de notre législation fiscale, les dettes de la succession ne sont pas déduites de l'impôt qui frappe les mutations par décès. La réforme demandée est que désormais il en soit fait déduction. Si la réforme est opérée, combien l'impôt rapportera-t-il en moins ?

A une pareille question on ne peut faire, on le conçoit, qu'une réponse approximative, et encore ne doit-on pas se flatter d'approcher de très-près de la vérité. En effet, il n'y a pas seulement une incertitude inévitable relativement au chiffre total des véritables dettes qui peuvent grever les successions ; il y a encore et surtout impossibilité de fixer le chiffre des dettes fausses ou simulées qui pourraient être frauduleusement déclarées par les héritiers, une fois admis le principe de la déduction. Malgré cette incertitude, on a essayé d'évaluer la perte que causerait au Trésor la déduction des dettes. Il est inutile d'indiquer ici tous les calculs qui ont été faits : il suffit de savoir que l'on s'accorde à reconnaître que cette perte serait d'environ trente à quarante millions par an. Voilà assurément de quoi montrer combien l'intérêt de la question est grand au point de vue fiscal. Que le Trésor puisse supporter une perte semblable, personne ne le prétend. Il s'agit donc de trouver un dédommagement, une autre manière de se procurer les trente à quarante millions qui seraient perdus si l'on déduisait les dettes.

Au point de vue juridique, les difficultés sont de plusieurs sortes. Il y en a d'abord, et plus que l'on ne s'y attend, sur la question de savoir s'il est logique ou non de percevoir le droit de succession sans déduire le passif.

Les uns soutiennent qu'il est logique de ne pas le déduire. En effet, disent-ils, l'impôt atteint toutes les mutations, c'est-à-dire tous les changements de propriétaire. Il est juste qu'il en soit ainsi, car le changement de propriétaire, la transmission des biens, est l'occasion la plus naturelle de faire payer aux particuliers le prix de la sécurité que l'État leur assure. Tel est le principe fondamental de notre loi : toutes les espèces de mutations, soit entre vifs, soit par décès, sont atteintes par elle. Or, dans une succession, qu'est-ce qui est transmis du défunt à l'héritier ? C'est le patrimoine entier, c'est-à-dire l'actif brut et non pas seulement l'actif net. Qu'une succession de 100,000 fr. soit chargée de dettes pour 80,000 fr. cela n'empêche pas qu'il y ait 100,000 fr. de biens transmis à l'héritier, car il devient propriétaire

des cent mille et non pas seulement des quatre-vingts. Il est donc logique, dit-on, d'asseoir l'impôt sur les cent mille. Sans doute, il est dur
pour l'héritier de payer l'impôt sur toute la succession, bien qu'il n'en
garde, en définitive, qu'une faible partie. Tout ce que l'on peut con-
céder, c'est que ce résultat est contraire à l'équité, mais il ne faut pas
dire qu'il est contraire soit à la logique, soit aux principes généraux
du droit, car il y est parfaitement conforme.

Suivant les autres, la déduction des dettes est commandée par la
logique, non moins impérieusement que par l'équité. C'est, dit-on, un
principe fondamental en droit civil qu'une succession ne vaut que ce
qui reste après les dettes payées : *Bona non sunt nisi deducto ære alieno*,
disaient déjà les jurisconsultes romains dans leur langage si précis
et si énergique [1]. Il en est ainsi toutes les fois qu'il s'agit de régler le
conflit des intérêts divers qui peut se présenter relativement à une
succession : par exemple, quand il y a lieu de déterminer les droits
des héritiers à réserve, d'une part, et ceux des légataires ou des dona-
taires, d'autre part. On ne comprendrait pas même que les dettes ne
fussent pas déduites. Que serait une quotité disponible ou une réserve
calculée sur l'actif brut? Ce serait, dans bien des cas, une pure dérision.
Or, si la déduction est indispensable pour savoir ce que vaut une succession en droit civil, comment ne le serait-elle pas pour savoir ce que
la même succession vaut en droit fiscal? Est-ce que cette même succession peut avoir deux valeurs, une civile et une fiscale? La raison, la
logique ne le permettent pas.

Les principes généraux du droit fiscal s'y opposent également. Les
droits d'enregistrement sont établis sur les actes et sur les mutations;
mais, bien entendu, ces actes et ces mutations, objet de l'impôt, sont
ceux auxquels donnent naissance les relations de la vie civile, et non
pas des actes et des mutations imaginaires qui ne seraient créées que
pour les besoins du Trésor et qui n'auraient aucun rapport avec la
réalité.

Tels sont les arguments invoqués des deux parts. J'ai essayé de les
résumer sans les affaiblir.

Pour mon compte, je préfère la logique qui s'unit à l'équité, à celle
qui lui est opposée. Je crois que la vraie et bonne logique, celle qui

---

1. C'est en ces termes que l'adage est souvent cité ; le vrai texte romain est :
Bona intelliguntur cujusque quæ deducto ære alieno supersunt. Paul, l. 139, § 1,
Dig. *De verborum significatione*.

ne s'arrête pas à la surface, mais qui pénètre au fond des choses, conduit à la déduction des dettes. Celle qui mène à la non-déduction s'attache à l'apparence plutôt qu'à la réalité.

En apparence, l'héritier acquiert l'actif brut, mais en réalité il n'acquiert que l'actif net. Dans la limite où la succession est grevée de dettes, il n'est, au fond, qu'un administrateur chargé de payer les créanciers. Sans doute, ce n'est pas un administrateur comme un autre, car il a la qualité de propriétaire ; tous les biens du défunt lui appartiennent, ceux qu'il emploiera à satisfaire les créanciers comme ceux qui lui resteront après, et il fallait bien qu'il eût ainsi la propriété de tous, sous peine de tomber dans des embarras inextricables. Mais cette propriété-là n'est que dans la forme, dans l'apparence, nous le répétons, et pour simplifier ; elle ne fait que passer entre ses mains. Il la reçoit du défunt pour en rendre compte aux créanciers ; son rôle n'est donc, en réalité, que celui d'un intermédiaire. En un mot, pour l'héritier, dans la mesure où il y a des dettes, il n'y a pas de biens ; *bona non sunt :* voilà la vérité. On la sent tout d'abord, et les raisonnements les plus subtils ne sauraient la détruire. Pour conclure, la déduction des dettes est juste, et par conséquent la non-déduction est injuste.

Une fois admis qu'il est juste de déduire les dettes, il reste encore sur le terrain juridique proprement dit de graves difficultés à résoudre. Admettra-t-on la déduction de toutes les dettes ou fera-t-on des distinctions entre elles ? Par exemple, les dettes hypothécaires seront-elles seules déduites, ou déduira-t-on d'autres dettes, et lesquelles, et à quelles conditions ?

Que faudra-t-il pour justifier l'existence de la dette ? se contentera-t-on, à ce sujet, du droit commun, c'est-à-dire des règles ordinaires du droit civil relatives à la preuve ? Mais ces règles ouvrent la porte à la fraude au préjudice du Trésor : fraude consistant à simuler l'existence de dettes qui n'auront rien de réel, et fraude consistant à cacher l'extinction de dettes qui auront été éteintes. On a pu, sans danger, admettre en droit civil des genres de preuve qui, par eux-mêmes, ne présentent pas de garantie de sincérité, parce que l'intérêt même des parties est la meilleure sauvegarde contre la possibilité des abus. Mais il n'en est plus de même quand les intérêts des particuliers étant en dehors, l'intérêt du Trésor est seul engagé.

Il faudra donc introduire un système de preuves spécial pour justifier, au point de vue fiscal, de l'existence des dettes. Comment l'organiser et le mettre en harmonie avec les principes du droit civil ? Si l'on ne fait à ces principes que des changements peu importants, il est à craindre que l'on manque le but, que l'on n'empêche pas les fraudes ; si l'on en fait de considérables et que l'on recoure à des moyens préventifs de fraude vraiment efficaces et énergiques, il y a danger que l'on ne trouble profondément par là toute la matière des contrats et des preuves. Irait-on, par exemple, jusqu'à dire que « toute personne en faveur de laquelle une déclaration de dette aura été faite, aura, par cette seule déclaration, un titre suffisant pour qu'elle lui soit payée, si elle l'exige, lors même qu'elle ne lui serait pas due ? » On a proposé [1] d'insérer cette disposition dans nos lois, mais il n'est pas probable qu'elle y figure jamais.

Enfin, au point de vue moral, la déduction des dettes n'est pas non plus aussi simple qu'elle le paraît d'abord. Sans doute, rien ne semble plus conforme à la morale que de déduire les dettes, puisque l'équité le demande, comme nous venons de le voir. On peut ajouter que la non-déduction, par sa dureté même, produit un résultat immoral : celui de justifier le contribuable à ses propres yeux quand il exerce tous les genres de fraude contre la loi fiscale. Il n'est déjà que trop porté à frustrer le Trésor, mais il trouve comme une impulsion nouvelle dans l'excès de sévérité de la loi sur certains points, et en particulier sur celui qui nous occupe. Il établit une compensation entre ce qu'il parvient à dissimuler et ce qu'il est tenu de payer d'excessif. En un mot, il est fâcheux que le défaut de la loi l'excite à la violer.

Mais, d'un autre côté, si l'on ne peut admettre la déduction des dettes sans ouvrir la porte à la fraude dans une mesure plus ou moins large, la tentation de recourir à ce nouveau genre de fraude sera si forte que beaucoup s'y laisseront entraîner. Par là, peut-être, la morale aura autant à perdre qu'à gagner à ce que la déduction, aujourd'hui impossible, soit désormais autorisée.

---

1. M. Laroche-Joubert, art. 9 d'une « proposition de loi ayant pour objet de transformer tout notre système d'impôt, de façon à ce que l'intérêt des populations les plus nombreuses se trouve plus équitablement observé ». (Chambre des députés, séance du 18 janvier 1878 ; annexe n° 305 ; *Journal officiel* du 31 janvier 1878, p. 892.)

II.

Les Romains avaient un impôt sur les successions, mais nous en savons très-peu de chose. Sa quotité est presque le seul point sur lequel nous soyons fixés : il était du vingtième (*vicesima hereditatum*), soit 5 p. 100 ; doublé un instant par Caracalla, qui le porta au dixième, il fut ramené à l'ancien taux par le successeur même de Caracalla. Nous savons aussi qu'il n'existait plus dans le droit de Justinien. Sur tout le reste, il y a incertitude et controverse plus ou moins vive, par exemple, sur la date et les circonstances soit de son établissement, soit de sa disparition ; sur les successions qui en étaient exemptées ; sur le mode d'évaluation des biens et en général sur toutes les règles de ce que nous appelons la *liquidation* du droit.

Déduisait-on les dettes ? Oui, répond-on unanimement : il n'est, à ma connaissance, aucun auteur qui réponde autrement ou qui émette seulement un doute à cet égard. Je n'entends pas soutenir le contraire, car les documents me font défaut, mais ils manquent aussi à ceux qui affirment que la déduction s'opérait. Pour argument unique, on invoque la règle : *Bona intelliguntur deducto ære alieno.* Mais si équitable, si logique même que soit cette règle, incontestablement suivie par les Romains dans leur droit civil, comme elle l'est encore dans le nôtre, il ne s'ensuit pas qu'elle ait été aussi celle de leur droit fiscal. En effet, voilà environ deux siècles qu'en France la jurisprudence d'abord, puis le législateur, ont jugé nécessaire d'y déroger dans l'intérêt du Trésor public : rien ne prouve qu'à Rome il n'en ait pas été de même. Notre législation n'est pas plus fiscale que ne l'était celle de l'empire romain.

On a été plus loin en ce qui touche la déduction des dettes dans l'impôt des successions chez les Romains. On a dit que cette déduction y avait donné lieu à tant de fraudes, qu'elle avait décidé l'empereur Justinien à supprimer entièrement l'impôt lui-même sur les successions et à le remplacer par l'impôt foncier réformé, étendu et aggravé [1]. On a même invoqué ce précédent comme un grave argument contre la déduction des dettes. Mais ces diverses propositions ne sont nullement démontrées. Loin de pouvoir pénétrer les motifs qui auraient amené Justinien à abolir l'impôt des successions, loin d'être autorisé, par suite,

---

1. Serrigny, *Droit administratif romain*, t. II, n° 848.

à tirer des motifs de cette suppression de l'impôt un argument quel-
conque, à fonder là-dessus quelque raisonnement, on ne peut pas même
établir que ce soit Justinien qui ait supprimé cet impôt, et l'on se demande
si sa suppression n'est pas antérieure à Justinien de plus d'un siècle.

Avant 1789, des droits variés tenaient lieu, en France, de ceux qui,
depuis, ont été fondus en un seul sous le nom de droit d'enregistrement. Si nombreux qu'ils fussent, ils rentraient tous dans l'une de
ces deux grandes classes : droits seigneuriaux, droits royaux.

De la nature même des droits seigneuriaux il résultait que, le plus
souvent, le problème de la déduction des dettes ne s'y présentait
même pas, ou que, s'il se présentait, il était aisé de le résoudre par une
distinction fort simple. Ces droits seigneuriaux de succession n'attei-
gnaient, dans la plupart des coutumes, que les fiefs. Ils consistaient
en une année de revenus du fief transmis par succession; c'était là le
profit du seigneur que l'on appelait droit de *relief* ou de *rachat*. Si
des charges grevaient ces revenus du fief, on distinguait selon qu'elles
étaient ou non inféodées : on déduisait les charges inféodées, on ne
déduisait pas les charges non inféodées [1]. — Quant aux biens roturiers
ou censives, leur transmission héréditaire ne donnait lieu en général
à aucun droit seigneurial de mutation; leur transmission à titre de
vente ou d'actes équipollents à vente donnait seule ouverture à des
droits seigneuriaux dits de *lods et ventes*. Il n'en était autrement que
par exception et dans un très-petit nombre de coutumes, comme, par
exemple, dans celle d'Orléans; dans les cas exceptionnels où la transmission héréditaire d'une censive donnait lieu à un profit seigneurial,
on l'appelait de noms divers, droit de *mi-lods*, droit de *relevoison* et
quelquefois aussi droit de *rachat* [2].

Parmi les droits royaux, celui de centième denier atteignait les
transmissions à titre de succession. Il avait pour objet, à la différence
des droits seigneuriaux, non pas la transmission d'un seul bien, savoir
de tel fief, mais la transmission d'une *masse* de biens, d'un patrimoine
considéré comme un ensemble, en un mot de ce que les jurisconsultes
appellent une *universitas juris*. Dès lors, la question de la déduction
des dettes se présentait; non résolue par les textes législatifs concernant le centième denier, elle dut l'être par la jurisprudence. Elle donna

---

1. Ferrière, sur l'article 47 de la *Coutume de Paris*, n° 39.
2. Pothier, *Coutumes d'Orléans*, III, 4.

lieu à de longs débats, que suffisent à attester les nombreux arrêts du Conseil rendus sur la matière. Ces débats peuvent se résumer en quelques mots.

Dans le silence de la loi fiscale, les contribuables songèrent tout naturellement à déduire les dettes. Ils engagèrent à ce sujet avec les fermiers généraux une lutte qui dura plus d'un siècle : ils remportèrent plusieurs fois l'avantage en première instance devant les intendants, mais ils furent constamment vaincus sur l'appel au Conseil porté par leurs redoutables adversaires. Ce fut donc la jurisprudence et non la loi qui, dans notre ancien droit, fit passer en règle la non-déduction des dettes.

Cette jurisprudence fut si sévère qu'elle n'admit même pas la déduction des légitimes, c'est-à-dire des parts de succession réservées aux enfants du défunt, dans le cas où son héritier institué était tenu de fournir ces parts en argent. Dès que l'héritier avait la faculté de payer les légitimes en deniers, on considérait la dette dont il était tenu de ce chef comme une dette de la succession, et on lui appliquait la règle de la non-déduction. Pour que l'institué ne fût tenu du centième denier que sur ce qui lui restait après le prélèvement des légitimes, il fallait que les enfants eussent le droit de réclamer leur légitime en biens-fonds de l'hérédité [1].

Il est essentiel d'ajouter sur l'ancien droit français deux observations. Malgré toutes les différences qui séparaient les droits seigneuriaux et les droits royaux, ils avaient deux caractères communs : le premier, c'est que les successions en ligne directe n'étaient soumises à aucun droit ; le second, c'est que dans les successions en ligne collatérale, seules atteintes, les immeubles seuls étaient soumis à l'impôt ; la succession aux meubles ne devait aucun droit. Ces deux restrictions sont très-remarquables, et l'on a pu dire avec raison que l'exemption dont jouissaient les meubles formait une sorte de compensation de la non-déduction des dettes, dans le calcul des droits dus sur les immeubles.

---

1. Bosquet, *Dictionnaire des domaines*, v° CHARGES, §, 3 et v° LEGITIME *in fine*.

III.

La loi du 22 frimaire an VII, qui, malgré les lois nombreuses inter-
venues depuis sur des points de détail, demeure toujours la loi fondamentale de la matière, a consacré en termes exprès la règle de la non-
déduction des dettes.

Il importe de rappeler les motifs qui ont déterminé le législateur et
de préciser les termes dans lesquels il s'est exprimé.

La crainte de la fraude, la grande facilité de la perception qui
résulte de la non-déduction, les embarras inextricables dans lesquels
entraîne la déduction, et particulièrement le danger fort grave, le
« scandale intolérable qu'il y aurait à placer les préposés dans un
état d'hostilité permanente contre les familles, en les autorisant à
pénétrer dans leurs affaires les plus intimes, danger inévitable une
fois qu'il devient nécessaire de liquider la succession contradictoi-
rement entre le Trésor et les héritiers » : telles furent les raisons
que fit valoir Cretet au Conseil des Anciens et qui emportèrent la décision. Plusieurs estiment que ces raisons ont encore toute leur force
et les opposent à toutes les propositions de réforme comme une bar-
rière insurmontable.

Les termes dans lesquels les auteurs de la loi de frimaire ont for-
mulé le principe sont remarquables. Ils n'ont pas proscrit seulement la
déduction des dettes, qu'évidemment ils voulaient surtout empêcher ;
ils ont pris des expressions beaucoup plus larges et ont ordonné de
faire la perception *sans distraction des charges* (art. 14, n°s 8 et 11, et
art. 15, n°s 7 et 8, de la loi du 22 frimaire an VII).

C'est donc la règle de la non-distraction des charges, laquelle comprend et absorbe celle de la non-déduction des dettes, qu'il s'est
agi d'interpréter et d'appliquer. Essayons d'exposer, d'une manière
aussi succincte et cependant aussi complète et exacte que possible,
comment on l'a entendue et mise à exécution depuis l'an VII jusqu'à ce
jour. Il est un principe fondamental dans l'interprétation des lois, — il
n'a rien de spécial aux lois d'enregistrement, mais il s'y applique
comme à toutes les autres, — c'est que, lorsqu'une disposition législa-
tive a été introduite *contra rationem juris* par des motifs particuliers
auxquels il a semblé nécessaire de céder, cette disposition doit, sans
doute, être appliquée dans la limite où le législateur l'a voulu ; mais

au delà de cette limite, on rentre sous l'empire de la *ratio juris* et, s'il s'élève un doute sur le point de savoir où est précisément placée cette limite, on le résout de manière à revenir à la *ratio juris* plutôt que d'étendre la disposition qui s'en écartait. En un mot, l'interprétation doit alors être restrictive et non extensive. Or, quelle est ici la *ratio juris ?* C'est de distraire les dettes et charges. Si de graves motifs ont fait juger nécessaire la règle de la non-distraction, on doit sans doute l'appliquer, mais en l'interprétant d'une manière restrictive.

Sur le principe même de cette interprétation, tout le monde est d'accord, les auteurs, les tribunaux et l'administration. On admet, — et il n'est guère possible de faire autrement, — que le législateur n'a pas voulu proscrire d'une manière absolue la distraction de tout ce qui peut être compris sous le nom de *charges,* mot si général et presque vague. On reconnaît donc qu'il y a des charges qui seront distraites, nonobstant les expressions larges de la loi. Mais, d'un autre côté, il faut bien qu'il y ait des charges autres que les dettes proprement dites, auxquelles s'applique la non-distraction, car il est évident que c'est à dessein que le législateur a employé le premier terme au lieu du second. Il y a là comme deux voies entre lesquelles il faut choisir. On ne conteste pas qu'elles existent l'une et l'autre, mais où l'on discute, et l'on a été souvent fort embarrassé, c'est lorsqu'il s'agit de discerner, dans chaque cas particulier, celle que l'on doit préférer. Il y a eu, à cet égard, des controverses ardues et parfois confuses entre les auteurs, des décisions nombreuses et parfois contradictoires dans la jurisprudence des tribunaux, enfin des incertitudes et des variations de la part de l'administration. Ce n'est pas ici le lieu de donner une analyse ni même une simple énumération des unes et des autres ; nous en donnerons seulement un court résumé.

Indiquons d'abord les charges que l'on ne déduit pas, c'est-à-dire ce qui est l'application pure et simple de la règle écrite dans la loi. On ne déduit pas : 1° les dettes proprement dites ; c'est là le principe général, incontesté, mais qui toutefois comporte quelques exceptions, comme nous le verrons plus loin ; 2° les rentes et redevances foncières, qui aujourd'hui sont, à la différence de l'ancien droit, de véritables dettes et qui n'empêchent pas l'acquisition de l'immeuble au profit du débiteur de la redevance ; 3° les frais funéraires ; 4° les contributions et autres charges qui leur sont assimilées ; 5° les frais de réparation ; 6° les frais d'assurances ; 7° enfin on ne déduit pas l'usufruit, mais il est nécessaire de s'arrêter un instant en ce qui le concerne.

L'usufruit a un double caractère. Il est d'abord un droit réel, un démembrement de la propriété et comme une sorte de propriété viagère pour l'usufruitier; aussi celui-ci est-il tenu d'acquitter un droit de mutation spécial, pour lequel la valeur de l'usufruit a été fixée à forfait par la loi fiscale à la moitié de celle de la propriété (art. 14, n° 11, et art. 15, n° 8, de la loi du 22 frimaire an VII). L'usufruit est en outre une charge pour la nue propriété, et c'est à ce titre que nous avons à en parler.

Il n'est pas déduit, c'est-à-dire que le nu propriétaire paie immédiatement le droit de mutation pour la valeur de la propriété pleine, comme si l'usufruit n'existait pas. Telle est la disposition formelle de la loi de frimaire (art. 15, n° 7). Elle est très-rigoureuse, et le paiement des droits est à ce moment d'autant plus onéreux pour le nu propriétaire que l'usufruit a précisément pour effet de lui enlever la jouissance.

Cette extrême rigueur avait fait hésiter, dans les premières années qui ont suivi la loi de frimaire : des tribunaux avaient jugé que cette loi n'imposait pas le paiement immédiat du droit encouru pour la transmission de la pleine propriété, mais qu'elle laissait la faculté soit de payer tout ce droit immédiatement, soit de n'en payer d'abord que la moitié, sauf à payer l'autre moitié lorsque l'usufruit serait éteint et que par là le nu propriétaire deviendrait plein propriétaire. Cette interprétation fut repoussée par la Cour de cassation, dont la jurisprudence sur ce point remonte à 1809 et 1811 et même à l'an IX et à l'an XIV. La question ne fait plus aucun doute depuis longtemps; toutefois on lit encore dans des ouvrages récents, d'ailleurs excellents, que l'usufruit, considéré comme charge, ne comporte pas l'application du principe de la non-distraction des charges. C'est une manière de parler inexacte, car au fond les auteurs de ces ouvrages n'entendent pas contester l'obligation imposée à l'héritier nu propriétaire de payer immédiatement le droit en totalité comme s'il avait la pleine propriété.

Voyons maintenant les exceptions qui sont apportées au principe de la non-distraction, c'est-à-dire les charges dont on admet la déduction, malgré les termes généraux de la loi.

Les legs forment la première et la plus importante de ces exceptions.

Que les legs soient des charges de la succession, c'est l'évidence même. A prendre le texte de la loi à la lettre, on ne devrait donc pas les déduire, car la loi prohibe la distraction des charges, sans faire aucune distinction. On les déduit pourtant et cela d'après *l'esprit* de la loi qui, pour les lois fiscales comme pour toutes les autres, doit l'emporter sur la lettre. Comme la chose léguée passe directement du défunt au légataire, sans reposer un seul instant sur la tête de l'héritier, on reconnaît qu'il serait trop dur, qu'il serait même absurde de faire payer à l'héritier un droit de mutation pour une transmission qui ne s'opère pas à son profit, sous prétexte que le legs est une charge de la succession. On admet donc que les auteurs de la loi de frimaire n'ont pas eu l'intention d'exiger un pareil droit, bien que, dans le texte de la loi, ils aient omis de le dire.

Mais les legs peuvent se faire de choses bien différentes : pour les legs de choses qui existent en nature dans la succession, le raisonnement qui précède est sans réplique et la déduction a été admise facilement. Quand, au contraire, les choses léguées n'existent pas en nature dans la succession, par exemple, si le testateur a légué des sommes d'argent et qu'il ne se trouve pas d'argent comptant dans sa succession ou qu'il ne s'en trouve pas assez, on ne peut plus raisonner de même. L'embarras a été grand ; car, en cas pareils, on ne peut plus dire que l'existence du legs empêche la transmission de propriété sur la tête de l'héritier, et cependant, même dans ce cas, la raison et la conscience commandent la déduction. La difficulté n'a été levée que par un avis du Conseil d'État du 30 septembre 1808, qui autorise la déduction, en admettant une fiction légale de transmission directe. Il y a, toutefois, des legs qui ne se déduisent pas ; ce sont les legs d'usufruit, lorsque la nue propriété reste à l'héritier ; c'est la conséquence de ce que nous avons dit de la non-distraction de l'usufruit.

Outre les legs, on déduit encore quelques dettes proprement dites. Cette exception mérite d'attirer l'attention, d'abord parce qu'elle est en elle-même fort remarquable, ensuite parce qu'il est d'usage de donner, pour la justifier, un motif qui ne saurait être accepté.

Les dettes de la succession dont la déduction est admise, malgré le texte de la loi, sont celles dont le défunt n'était tenu qu'en qualité de mandataire, de dépositaire ou d'usufruitier.

Pourquoi les déduit-on ? Parce que la nature même de ces dettes

exclut toute idée de fraude ; les circonstances mêmes dans lesquelles
de pareilles dettes ont pris naissance, savoir le mandat ou le dépôt qui
avait été confié au défunt, l'usufruit de sommes d'argent qui lui avait été
donné et qui, forcément, devait prendre fin à sa mort, sont une preuve
évidente que ces valeurs ne faisaient pas partie de ce qu'il transmet
à ses héritiers. Il est bien vrai qu'il était propriétaire des sommes
à lui confiées par le mandant ou par le déposant, comme aussi de celles
sur lesquelles portait son usufruit, ou pour parler plus exactement son
quasi-usufruit. Mais la propriété qu'il en avait était accompagnée, dès
l'instant même où il l'avait acquise, d'une obligation de restituer qui
la distinguait profondément de toutes les autres choses comprises dans
son patrimoine.

Ce motif de déduction est assez décisif pour que l'on comprenne qu'il
ait fondé l'exception relative à ces trois classes de dettes. Cette exception est universellement admise aujourd'hui, mais elle ne l'a pas toujours été ; il y a eu difficulté surtout en ce qui concerne l'usufruit.
Souvent la déduction des sommes dont le défunt était usufruitier a été
refusée par l'administration et même par la jurisprudence des tribunaux. Depuis une solution du 7 janvier 1857 et surtout un arrêt de la
Cour de cassation du 25 juin 1862, transmis comme règle par l'administration dans son instruction 2234, il ne paraît plus y avoir là de
controverse. La décision adoptée est fort juste et c'est un exemple
remarquable d'une interprétation raisonnable contre le texte de la loi,
mais d'après son esprit.

Il faut se garder, toutefois, du motif erroné trop souvent donné à
l'appui de cette sage interprétation. On a cru la justifier en disant que,
dans les trois cas dont il vient d'être parlé, le défunt dépositaire,
mandataire ou usufruitier n'était pas propriétaire des sommes dont il
était débiteur ; que ces sommes étaient restées la propriété du déposant,
du mandant ou du nu propriétaire. C'est là une des applications de la
théorie aussi dangereuse que fausse, qui consiste en ce que l'on appelle
la *propriété d'une somme,* prétendue propriété qui pourrait, dit-on,
appartenir à un autre qu'à celui qui a les écus dans sa caisse. Réfuter
cette théorie et montrer les erreurs auxquelles elle a entraîné dans
plusieurs matières, serait sortir de notre sujet ; qu'il nous suffise de
dire ici qu'il n'est pas du tout besoin d'y avoir recours pour justifier
la déduction des trois catégories de dettes dont nous venons de parler.
Cette déduction se justifie par le motif aussi simple que péremptoire

que nous avons donné, savoir : par la nature même et par l'origine de ces sortes de dettes.

IV.

Après avoir vu en quoi consiste précisément la règle de la non-distraction des charges, comment elle est comprise et comment elle est mise en pratique, il est nécessaire de la rapprocher des autres règles de la matière contenues dans la loi de frimaire. Parmi ces règles, il en est qui rendent celle de la non-distraction très-onéreuse pour le contribuable, plus dure même qu'elle ne l'était dans l'ancien droit ; il en est d'autres, au contraire, qui en adoucissent la rigueur.

Les successions en ligne directe échappaient à l'impôt dans l'ancien droit ; la loi de frimaire les y soumet, seulement le taux est plus faible sur les successions en ligne directe (25 cent. et 1 p. 100) que sur les autres successions (depuis 62 cent. ¹/₂ jusqu'à 5 p. 100).

Avant 1789, les successions en lignes collatérales, seules atteintes, ne l'étaient pas dans tout ce qui composait le patrimoine du défunt ; les immeubles seuls subissaient l'impôt ; la succession aux meubles en était exempte. La loi de frimaire y assujettit les meubles aussi bien que les immeubles, seulement le tarif est plus élevé pour les immeubles (25 cent., 62 cent. ¹/₂, 1 fr. 25 c., meubles ; 1 fr., 2 fr. 50 c. et 5 p. 100, immeubles, art. 69, § 1, n° 3 ; § 3, n° 4 ; § 4, n° 2 ; § 6, n° 3, et § 8, n° 2).

Il n'est pas besoin d'insister sur l'aggravation notable qui résulte des deux règles de la loi de frimaire que nous venons de rappeler. La seconde surtout a, par rapport au sujet qui nous occupe, une importance particulière. L'exemption dont jouissaient les meubles pouvait, comme nous l'avons déjà fait observer, être considérée comme une compensation de la non-déduction des dettes qu'avait admise notre ancienne jurisprudence ; la loi de l'an VII ne maintient pas l'exemption et elle consacre en termes exprès la non-déduction. Il en résulte, comme l'a justement fait remarquer notre savant collègue M. G. Demante (*Principes de l'enregistrement*, n° 571), que le même sac d'écus supporte un double impôt de succession dans la succession du prêteur et dans celle de l'emprunteur, ce qui est non-seulement une iniquité, mais encore une inconséquence.

Il y a des règles de la loi de frimaire qui tempèrent la rigueur du principe de la non-distraction des charges. Telle est d'abord celle qui a trait au mode d'évaluation des immeubles pour la liquidation du droit de succession. Au lieu de prendre leur valeur *vénale*, la loi de frimaire prend pour base ce qu'on appelle leur valeur *locative*; c'est-à-dire que les immeubles sont comptés, non pour le capital qui pourrait en être retiré par une vente, mais d'après le revenu qu'ils rapportent, multiplié par vingt (art. 15, n° 7 de la loi de frimaire). Ce mode d'évaluation est défavorable au Trésor et, par conséquent, il est tout à fait en faveur des contribuables, car on sait que la plupart des immeubles, surtout des immeubles ruraux, rapportent un revenu faible, sensiblement inférieur à cinq pour cent. Leur valeur, prise au moyen d'une capitalisation par vingt de leur revenu, est donc très-inférieure à leur valeur vénale ou réelle. Il s'ensuit que, de ce chef, l'héritier paie d'autant moins. Cette règle d'évaluation vient ainsi compenser ce que la non-distraction a de rigoureux. Or, il ne faut pas juger isolément chaque disposition de la loi ; on doit, pour apprécier la loi, considérer l'ensemble de ses dispositions.

L'évaluation des immeubles, d'après leur revenu multiplié par vingt, n'est pas la seule règle qui adoucisse la rigueur de la perception. La loi de frimaire en contient encore deux autres : celle qui admet la déclaration estimative des parties comme base du droit à percevoir quant aux meubles (art. 14, n° 8) et celle qui exempte de tout droit les rentes sur l'État transmises par succession (art. 70, § 3, n° 3).

V.

Tel est, dans ses traits principaux, le système de la loi de frimaire. Il est essentiel d'ajouter le tableau des modifications que la législation postérieure y a apportées. Cette législation a aggravé l'impôt de plusieurs manières et, en particulier, sur les points que nous venons de toucher.

De 1816 (loi du 28 avril, art. 53) à 1832 (loi du 21 avril, art. 33), le tarif des droits sur les successions autres qu'en ligne directe, a été considérablement élevé et, pour quelques-unes, presque doublé ; le maximum, qui était de 5 p. 100 dans la loi de frimaire, a été porté à 9 p. 100. Il faut, en outre, y ajouter les décimes.

En 1850, le tarif, qui était pour les meubles du quart de celui des immeubles, a été élevé au même taux, c'est-à-dire quadruplé depuis l'an VII (art. 10 de la loi du 18 mai 1850, rapproché des numéros pré-cités de l'article 69 de la loi de frimaire).

L'exemption dont jouissait la transmission par succession des rentes sur l'État a disparu. (Loi du 18 mai 1850, art. 7.)

On sait, enfin, qu'à partir de 1871, pour faire face aux lourdes charges qui étaient la suite de la guerre avec l'Allemagne, l'impôt de l'enregistrement a été augmenté d'une manière sensible par diverses mesures et dans un grand nombre de matières. Il a été établi, par la loi du 28 février 1872, une nouvelle espèce de droit, le droit *gradué* : ce droit, qui peut monter à une somme indéfiniment élevée, remplace le simple droit fixe de 3 ou de 5 francs en plusieurs cas, dont quelques-uns sont relatifs aux successions, partages, délivrances de legs. — La loi du 21 juin 1875 a, sinon supprimé, du moins modifié deux des règles que nous avons signalées au numéro précédent comme tempérant, dans le système de la loi de frimaire, la rigueur de la non-distraction des charges. Pour l'évaluation des immeubles, la capitalisation du revenu par vingt a été portée à vingt-cinq, en ce qui concerne les immeubles ruraux, c'est-à-dire ceux dont le revenu plus faible donnait une valeur locative trop inférieure à la valeur vénale (art. 1er, n° 5 de la loi de 1875). Quant à l'évaluation des meubles, elle n'est plus laissée, dans tous les cas, à la discrétion des parties, sous peine du droit en sus pour insuffisance constatée ; elle est fixée d'après les ventes ou autres actes qui, dans le délai de deux ans après l'ouverture de la succession, en fourniraient une estimation plus élevée (art. 1er, n° 6 de la même loi). Déjà, pour les valeurs se négociant à la Bourse, les lois du 18 juillet 1836 (art. 6) et du 18 mai 1850 (art. 7) avaient remplacé la déclaration estimative des parties par le cours moyen de la Bourse, comme base d'évaluation pour l'assiette du droit de succession.

La législation postérieure à l'an VII n'offre pas seulement le tableau d'une aggravation à plusieurs égards de la loi de frimaire ; elle présente encore, en ce qui concerne la déduction des dettes, un défaut d'harmonie, une véritable anomalie. En effet, dans le système de la loi de frimaire, la déduction des dettes n'est pas admise, en général du moins et sauf les cas exceptionnels que nous avons indiqués ; elle est, au contraire, admise en principe et d'une manière générale dans la législation postérieure, savoir : d'un côté, dans la législation relative aux colonies (ordonnance du 31 décembre 1828, art. 16), et, d'un autre côté, dans le droit gradué établi en 1872 ; l'article 1er, nos 1, 4 et 5, l'autorise expressément pour la perception du droit gradué sur les sociétés, les contrats de mariage et les partages.

VI.

De tout temps, la non-déduction des dettes et charges a soulevé des protestations. Elles ont été plus nombreuses et plus vives à mesure que, par l'effet des diverses lois que nous venons d'analyser, l'impôt des successions est devenu plus lourd. Depuis environ trente ans, l'insistance pour obtenir une réforme sur ce point a été sans cesse en augmentant.

En 1849, des propositions individuelles en ce sens, portées à la commission du budget, furent repoussées à plusieurs reprises. En 1864, le Conseil d'État élabora un projet de loi qui admettait la déduction en principe, sauf à y apporter diverses restrictions ; le projet fut présenté au Corps législatif, mais il fut retiré avant d'y être discuté. En 1869, trois pétitions furent adressées au Sénat dans le même but ; la commission, au rapport de M. Quentin Bauchard, proposa le dépôt au bureau des renseignements (séance du 18 mars 1869). L'année suivante, la commission de l'enquête agricole, malgré la déposition défavorable du directeur général de l'enregistrement (M. Roy), émit, le 22 février 1870, le vœu le plus exprès pour que l'on déduisît, « dans le calcul des droits de mutation par décès, le passif régulièrement constaté ».

L'Assemblée nationale fut saisie plusieurs fois de la question. — En 1872, sur la proposition d'un de ses membres, M. Folliet, il fut fait par M. de Marcère, dans la séance du 25 avril (*Journal officiel* du 12 mai), un rapport sommaire tendant à la prise en considération ; celle-ci fut votée le 7 novembre. — M. Sébert, le 27 janvier 1874, renouvela la proposition de déduire le passif et l'accompagna de plusieurs autres propositions de réforme concernant le tarif et la liquidation du droit (*Journal officiel* du 6 février). L'Assemblée ne discuta pas ces propositions ; les rapports ne furent même pas déposés avant sa dissolution, en mars 1876.

La question revint au Sénat et à la Chambre des députés : au Sénat, par une pétition dont le dépôt au bureau des renseignements fut ordonné sur un rapport de quelques lignes (séance du 22 mai) ; à la Chambre des députés, par la proposition de l'un de ses membres,

.M. Cherpin (séance du 1er avril), sur laquelle le rapport sommaire fut fait par M. Robert de Massy (*Journal officiel* du 5 février 1877), et qui fut prise en considération sans discussion le même jour, 5 février. La commission spéciale nommée pour l'étudier n'avait pas fait son rapport lors de la dissolution qui suivit, le 16 mai 1877. La proposition a été reproduite à la nouvelle Chambre des députés par M. de Gasté, à la séance du 12 novembre 1877 (*Journal officiel* du 22).

Outre ces propositions, dont l'objet spécial était la déduction du passif, la même réforme fut encore demandée avec d'autres réformes, par exemple, par M. Parent, dans sa proposition tendant à une refonte totale des lois de l'enregistrement (séance du 23 mars 1876; *Journal officiel* du 3 avril).

Ces propositions réitérées ne pouvaient manquer d'éveiller l'attention du Gouvernement. Aussi le ministre des finances, M. Léon Say, nomma-t-il, le 14 novembre 1876, une commission chargée d'étudier la question (*Journal officiel* du 15 novembre). Cette commission a déjà tenu plusieurs séances; ses travaux n'ont pas été publiés, mais on sait qu'elle ne repousse pas absolument la réforme demandée, sauf à la renfermer, au moins pour commencer, dans des limites très-restreintes, savoir, en ligne directe et pour les dettes hypothécaires seulement.

Dans l'opinion, la déduction du passif n'a pas fait de moins grands progrès. Il suffit, pour en donner une idée, de rapprocher quelques ouvrages publiés à trente ans environ de distance. MM. Championnière et Rigaud, dans leur *Traité des droits d'enregistrement* (t. IV, n° 8,303), disaient en 1839 : « C'est un des points (la non-distraction des charges) de la législation de l'enregistrement qui appellent le plus instamment la réforme, et cependant il n'est pas présumable que l'impôt soit jamais assis sur une base moins injuste. La perception est facile et sanctionnée par une longue habitude; elle est supportée patiemment comme un accident rare. » L'opinion de ces auteurs est d'autant plus remarquable qu'ils ne sont pas suspects, on le sait, d'une tendance à l'exagération des droits du Trésor. — De même, en 1851, l'auteur de l'article *Enregistrement,* dans la *Jurisprudence générale* de Dalloz, disait (n° 4454) : « Il y a eu nécessité de déroger à cette règle (de la déduction du passif) par l'impossibilité de constater le montant des dettes qui grèvent une succession. » — Voici, au contraire comment s'exprime, dans un ouvrage récent, M. Paul Leroy-Beaulieu (*Science des finances,* t. Ier, p. 494 ; Paris, 1878) : « Rien n'égale comme excès de pouvoir et comme outrage à la justice, l'usage suivi par le fisc, en France, de taxer les successions sans en déduire les dettes. Il est impossible de voir un plus monstrueux abus de la force publique. Chaque jour, on nous promet sur ce point une réforme qui ne s'accomplit jamais. » Il y a, dans le langage de ce dernier auteur, quelque excès et même de l'inexactitude, car il présente comme un *usage* ce qui n'est que l'exécution pure et simple de la loi ; et encore la loi a-t-elle été adoucie par une interprétation raisonnable. Toutefois, on peut le signaler comme un témoignage de l'opinion d'aujourd'hui, fort différente, on le voit, de celle qu'exprimaient, il y a trente ans, des auteurs connus pour être les plus fermes défenseurs des droits des contribuables contre les prétentions de l'administration.

VII.

Comment le problème difficile, de la déduction des dettes a-t-il été résolu dans les autres législations ? Il est intéressant et instructif de le rechercher. A défaut d'un tableau complet des législations étrangères qui ne saurait trouver place ici, il semble qu'un aperçu sommaire sur quelques-unes d'entre elles forme un complément indispensable de ce qui précède.

Il est naturel de parler d'abord de la Belgique, où notre loi du 22 frimaire an VII est encore aujourd'hui la loi fondamentale de l'enregistrement. Toutefois, elle a cessé de l'être précisément en ce qui concerne les successions. Deux lois spéciales ont été faites pour la remplacer en matière de successions : la loi du 27 décembre 1817 et celle du 17 décembre 1851. La loi de 1817 établit ce qu'on appelle en Belgique le *droit de succession* proprement dit. Ce droit frappe tous les biens meubles et immeubles, même ceux qui sont situés à l'étranger[1], laissés par un *habitant*, mais il n'atteint que les successions en ligne collatérale ; les successions en ligne directe demeurent exemptes de toute taxe par un retour aux principes de l'ancien droit. — La loi de 1851

---

1. C'est une double injustice : 1º les propriétés situées à l'étranger ne doivent rien, car on ne leur rend aucun service ; 2º comme il faudra payer dans l'État étranger un droit de mutation, il s'ensuivra que la propriété aura payé deux fois le droit de succession. Aux matières financières aussi s'applique (ou devrait s'appliquer) le *non bis in idem*.   M. B.

fait cesser cette exemption : elle établit un droit dit *de mutation* sur les successions en ligne directe et sur celles qui sont dévolues au conjoint ayant enfant issu de son union avec le défunt, lesquelles étaient aussi exemptes de droit d'après la loi de 1817. Malgré la différence de nom, les deux droits de succession et de mutation ont au fond la même nature, mais les règles qui leur sont applicables ne sont pas toujours les mêmes. Il existe entre eux, en ce qui concerne notre sujet même, une différence qu'il importe de signaler.

La déduction des dettes est admise par la loi de 1817 comme par celle de 1851, mais tandis que la loi de 1817 (successions collatérales) autorise la déduction de toutes les dettes en général, celle de 1851 (successions directes) ne permet que la déduction des dettes hypothécaires. Il est singulier, à première-vue, que la déduction soit admise avec plus d'étendue au profit des collatéraux qu'au profit des parents en ligne directe ; mais cela s'explique très-bien dès que l'on considère ce qui forme la matière imposable dans les deux cas. Dans les successions en ligne directe, il n'y a de soumis à l'impôt que les immeubles situés en Belgique et les rentes ou créances hypothéquées sur ces immeubles ; tous les autres biens restent affranchis de l'impôt. Dans les successions collatérales, au contraire, le patrimoine entier du défunt, meubles et immeubles, est soumis à l'impôt. Dès lors, la différence relative à la déduction des dettes se comprend d'elle-même : à la restriction dans la matière imposable correspond la restriction dans la déduction.

Signalons encore deux règles de la législation belge qui se rattachent à notre sujet : 1° c'est la valeur *vénale* qui est prise pour base d'évaluation des immeubles et non leur valeur de revenus ; 2° en cas d'usufruit, l'héritier qui ne succède qu'à la nue propriété ne paie d'abord l'impôt que sur cette nue propriété ; il est sursis au paiement du reste de l'impôt jusqu'à la cessation de l'usufruit. (Loi de 1817, art. 12, 18 et 20 ; loi de 1851, art. 2 et 11.)

Après la législation belge, c'est celle de l'Italie qui se rapproche le plus de la nôtre dans la matière de l'enregistrement, pour laquelle notre loi de frimaire a servi de modèle. Toutefois il y a été apporté sur plusieurs points des changements considérables.

Celui qui nous occupe est du nombre : la déduction des dettes a été consacrée expressément par les cinq lois sur l'enregistrement promulguées depuis la formation du royaume d'Italie : loi du 21 avril 1862 ; décret-loi du 14 juillet 1866 ; loi du 19 juillet 1868 et du 11 août

1870 ; loi du 8 juin 1864. Les dispositions de ces diverses lois ont été refondues en un texte unique par le décret-loi du 13 septembre 1874.

Le législateur italien s'est occupé avec un soin particulier de déterminer les conditions auxquelles les dettes peuvent venir en déduction ; ses dispositions sur ce point sont dignes d'attention. Aussi croyons-nous utile d'en donner une analyse.

Les dettes à déduire doivent être certaines et liquides et résulter soit d'acte public ou de jugement antérieur à l'ouverture de la succession, soit d'écriture privée enregistrée avant ladite ouverture. Par là sont exclues les dettes purement éventuelles, comme celles de garantie, les dettes verbales, celles qui résultent même de jugements, s'ils sont rendus après l'ouverture de la succession, enfin les dettes résultant d'actes sous seing privé non enregistrés avant cette ouverture, quand même ils auraient date certaine antérieure. Les frais de dernière maladie pendant six mois et les frais funéraires viennent en déduction. Quant aux dettes relatives au commerce exercé dans le royaume, on n'admet que celles qui sont justifiées par les livres de commerce régulièrement tenus, ce qui s'applique même aux dettes résultant de lettres de change et aux billets à ordre ; seulement pour ces deux espèces de dettes, les livres du créancier peuvent servir de preuve aussi bien que ceux du débiteur.

La déduction n'est recevable que si l'héritier produit les titres qui la justifient, soit en original, soit en copie ; ces titres doivent être joints à une déclaration émanant, non-seulement de lui, mais encore des créanciers, par laquelle ils attestent ensemble que la dette existait encore lors de l'ouverture de la succession ; les créanciers ou leurs ayants cause ne peuvent, à peine de dommages-intérêts, se refuser soit à remettre les titres originaux ou à en laisser prendre copie authentique aux frais de l'héritier, soit à déclarer que la dette existe encore.

La peine, en cas de fausse déclaration, est du *quintuple* du droit que l'on a essayé de frauder et tous ceux qui ont signé la déclaration en sont tenus solidairement ; le tout, sans préjudice de l'application des lois pénales, s'il y a lieu. (Art. 53, 55 et 56 de la loi du 13 septembre 1874.)

La valeur vénale des immeubles est prise pour base, depuis la loi du 8 juin 1874 : jusque-là, on multipliait par 1.20 le principal de l'impôt foncier. (Loi du 13 septembre 1874, art. 23.)

En cas d'usufruit, la perception est divisée en deux temps, et le droit est perçu, lors de la réunion de l'usufruit à la nue propriété, sur la valeur pour laquelle l'usufruit avait été déduit lors du premier paiement. (Art. 17 de la même loi.)

La loi autrichienne (*Gebührengesetz*) du 9 février 1850 (art. 57 et 58) admet également pour le paiement des droits de succession (*Verlassenschaftsgebühren*) : 1° l'évaluation des meubles et des immeubles d'après la valeur vénale ; 2° le paiement en deux temps en cas d'usufruit, et 3° la déduction du passif. Toutes les dettes du défunt peuvent venir en déduction, pourvu qu'elles soient reconnues d'une manière digne de foi (*Glaubwürdig*).

En Prusse, une loi spéciale et récente (du 30 mai 1873) concerne l'impôt des successions (*Erbschaftssteuer*). La déduction des dettes est admise : cela résulte, d'abord, des termes mêmes par lesquels cette loi détermine l'objet de l'impôt, savoir : « le montant de ce dont les héritiers s'enrichissent ». Puis, elle énumère parmi les dettes à déduire, les frais funéraires et de dernière maladie, les frais judiciaires et extrajudiciaires occasionnés par la transmission même de la succession et ceux des procédures faites dans l'intérêt de la masse ; mais elle exclut de la déduction le montant même de l'impôt des successions et les frais des procédures faites entre les intéressés dans leur intérêt particulier (art. 5 de la loi). — L'évaluation des immeubles se fait d'après la valeur vénale (art. 12). — En cas d'usufruit, la loi prussienne admet le sursis du paiement de l'impôt par le nu propriétaire jusqu'à la cessation de l'usufruit. Quant au droit à payer par l'usufruitier lui-même, il varie suivant l'âge de cet usufruitier lors du décès du défunt (art. 14 et 15). D'après l'article 14, la valeur de l'usufruit, des rentes viagères et généralement de toutes les prestations limitées à la vie d'une personne, est fixée en multipliant la valeur de la prestation annuelle de la manière suivante : par 16 si l'usufruitier est âgé de 15 ans et au-dessous de 15 ans ; par 15 s'il est âgé de 15 à 25 ans ; par 14 de 25 à 35 ans ; par 12 1/2 de 35 à 45 ans ; par 10 de 45 à 55 ans ; par 7 1/2 de 55 à 65 ans ; par 5 de 65 à 75 ans ; par 3 de 75 à 80 ans ; enfin par 2 au-dessus de 80 ans.

Dans le royaume de Saxe, la loi du 13 novembre 1876, qui revise la législation relative à l'impôt des successions, admet aussi la déduction des dettes (art. 5).

VIII.

En résumé, nous trouvons la déduction du passif admise dans toutes les législations étrangères sur lesquelles nous possédons des renseignements. Si nous joignons ce fait à ce que nous avons dit en commençant, savoir : que l'équité, la raison, la logique, la commandent également, nous aurons des arguments de la plus grande force en faveur de la réforme qu'il s'agit d'apporter à notre législation.

Nous avons dit déjà que la commission ministérielle nommée en 1876 admettait la déduction, mais avec deux restrictions notables, l'une qui la limite aux successions en ligne directe, l'autre qui la restreint dans ces successions mêmes aux dettes hypothécaires.

La première de ces restrictions est plus facile à justifier que la seconde. Si, par des raisons financières, l'on ne croit pas possible d'opérer la réforme tout d'un coup pour toutes les successions, il est naturel qu'on commence par l'effectuer pour les successions en ligne directe. C'est là en effet que la non-déduction se présente avec le caractère le plus odieux : un fils qui, par respect pour la mémoire de son père, ne veut pas renoncer à la succession et qui l'accepte, ne serait-ce que sous bénéfice d'inventaire, est tenu de payer sur tout l'actif un impôt peut-être considérable et dans tous les cas inique, bien qu'il ne doive lui rester absolument rien de la succession, bien que souvent même, malgré le bénéfice d'inventaire, il ait encore plus d'une dette héréditaire à acquitter de ses propres deniers. Il y a là quelque chose qui soulève la conscience, et il est urgent de faire d'abord cesser cet état de choses.

Mais le fils n'est pas le seul qui puisse se trouver à cet égard dans une pareille alternative : d'autres héritiers, et particulièrement le frère et le neveu, peuvent s'y trouver aussi, et, bien que pour eux l'obligation morale de ne pas renoncer à la succession ne soit pas aussi pressante qu'elle l'est pour le fils, elle peut fournir une grave raison d'autoriser la déduction dans les successions recueillies par les frères et les neveux, en même temps qu'on l'admettra dans celles de la ligne directe.

Quant à la seconde de ces restrictions, celle qui consisterait à ne déduire que les dettes hypothécaires, nous la combattrons de toutes nos forces, parce qu'elle nous semble aussi contraire à l'équité et au bon sens qu'aux principes généraux du droit.

D'abord en ce qui concerne les successions en ligne directe, il y a
contradiction flagrante à limiter la déduction aux dettes hypothécaires.
En effet, si l'on admet la déduction, c'est que l'on reconnaît de la
valeur à ce que nous venons de dire pour en montrer la nécessité
dans ces sortes de successions. Or, il peut parfaitement arriver, il arrive
tous les jours, que la succession d'un père est chargée de plus de dettes
qu'elle ne renferme d'actif, bien qu'il ne s'y trouve pas une seule dette
hypothécaire. Il y a plus : pour toutes les successions en général, il
n'est pas juridique de restreindre la déduction aux dettes hypothécaires. En effet, ce qui est transmis, c'est un ensemble, une masse, ou
plutôt deux masses, l'une active et l'autre passive. Or, il n'est pas logique de distinguer parmi les éléments de la masse passive, si l'on ne
distingue pas parmi les éléments de la masse active. Tout l'actif est
soumis à l'impôt ; donc, si l'on déduit le passif, tout le passif en général doit être admis à déduction, sauf les conditions à déterminer pour
qu'il en soit justifié. Dira-t-on que l'on déduit seulement les dettes
hypothécaires, sous prétexte que seules elles ne donnent pas lieu à la
fraude ? Cela serait doublement faux ; car, d'un côté, une dette, même
hypothécaire, peut donner lieu à la fraude, et, d'un autre côté, une
dette non hypothécaire peut être justifiée d'une manière aussi satisfai-
sante qu'une dette hypothécaire.

On invoquerait très-mal à propos l'exemple de la Belgique à l'appui
de la restriction que l'on voudrait faire de la faculté de déduction aux
seules dettes hypothécaires. En effet, si en Belgique les dettes hypothécaires sont, il est vrai, les seules que l'on déduise dans les successions en ligne directe, c'est parce que l'impôt ne porte, dans ces successions, comme nous l'avons dit précédemment, que sur les immeubles.

Outre la déduction des dettes, le principe de la non-distraction des
charges doit encore être modifié en ce qui concerne l'usufruit. Rien
n'est plus dur, plus injuste que d'exiger immédiatement de l'héritier
qui ne recueille que la nue propriété, le paiement de tout le droit exi-
gible sur la pleine propriété. Cette réforme est aussi urgente que celle
de la déduction du passif, et elle est plus facile à faire, car elle est
loin d'être aussi onéreuse pour le Trésor. Il ne s'agit pas de lui faire
percevoir moins, il s'agit seulement de lui faire percevoir plus tard,
c'est-à-dire lors de la réunion de l'usufruit à la nue propriété.

Nancy, imp. Berger-Levrault et Cie.

DU MÊME AUTEUR

Leçon d'ouverture du cours de droit civil approfondi dans ses rapports avec l'enregistrement, suivie d'une bibliographie raisonnée de l'enregistrement. Paris, Cotillon et Delamotte, 1876.

Programme du cours de droit romain. Paris, Cotillon. (Obligations, 1871 ; Introduction, personnes, droits réels, successions, actions, 1877.)

De la Condition légale des femmes sous le rapport du sénatus-consulte Velléien en droit romain, et de l'incapacité de la femme mariée en droit français. Paris, Firmin Didot, 1860.

La Table de Cles, inscription de l'an 46. Paris, Thorin, 1872.

Guillaume Barclay, jurisconsulte écossais (1546-1608), professeur à Pont-à-Mousson et à Angers, d'après des documents inédits. Paris, Thorin, 1872.

La Faillite dans le droit international privé. Mémoire de M. Gius. Carle, professeur de l'Université de Turin, couronné par l'Académie des sciences morales et politiques de Naples, traduit et annoté avec une analyse de la jurisprudence française et plusieurs autres additions. Paris, Marescq, 1875.

La Statistique et le droit international privé. Paris, Marchal et Billard, 1877.

Revue de la jurisprudence italienne en matière de droit international privé, et Bulletins de la jurisprudence italienne en matière civile et commerciale. Paris, Marchal et Billard, 1874-1878.

Le Contentieux administratif en Italie et la loi du 20 mars 1865. Paris, Cotillon, 1875.

Bibliographie juridique italienne. Paris, Cotillon, 1869-1877.

Questions d'ethnographie gauloise et de linguistique. Nancy, Berger-Levrault, 1878.

LIBRAIRIE ADMINISTRATIVE DE BERGER-LEVRAULT ET Cie

PARIS, 5, RUE DES BEAUX-ARTS. — MÊME MAISON A NANCY

En vente :

ALMANACH NATIONAL

Annuaire officiel de la République française

POUR 1878-1879

PRÉSENTÉ AU PRÉSIDENT DE LA RÉPUBLIQUE

(180ᵉ année)

Un volume in-8° de 1400 pages

Broché.	15ᶠ 00	Relié en basane	17ᶠ 00
Relié en toile	16 50	— en demi-chagrin . . .	19 50

Annuaire statistique de la France. Première année, 1878 (Ministère de l'agriculture et du commerce, service de la statistique générale de France). Un beau volume grand in-8° de 590 pages. . . . . **7 fr. 50 c.**

La Situation financière des Communes en 1878, présentée par M. DE CRISENOY, conseiller d'État, directeur de l'administration départementale et communale, à M. DE MARCÈRE, ministre de l'intérieur. 1 fort vol. gr. in-8°, broché. . . . . **5 fr.**

La Chambre des Communes. Origine et transformation de quelques usages parlementaires, par Réginald PALGRAVE, secrétaire général adjoint de la Chambre des Communes. Traduit de l'anglais par Alfred DE FOVILLE, chef de bureau au ministère des finances. Brochure de 50 pages grand in-8° . . . . **1 fr.**

Recueil des modifications au décret du 31 mai 1862, portant règlement général sur la comptabilité publique. 1ʳᵉ partie, notes explicatives; 2ᵉ partie, texte du décret, avec addition des articles modifiés, suivie d'une table analytique des matières, par A. LANJALLEY, sous-chef de bureau au ministère des finances; préface par M. Alfred BLANCHE, ancien conseiller d'État, avocat à la Cour d'appel de Paris. 2ᵉ édition. 1 vol. gr. in-8° de xviii et 335 pages. Broché . . . . **10 fr.**

Lois constitutionnelles et organiques, concernant les pouvoirs publics et l'élection des sénateurs et des députés, par Eugène HEPP, docteur en droit. Textes annotés. Brochure in-8° . . . . **1 fr.**

Guide du réclamant en matière de contributions directes; in-18, br. **40 c.**

Les Budgets maritimes de la France et de l'Angleterre. Études de statistique, par P. DISLÈRE, ingénieur des constructions navales. 1 vol. gr. in-8°, broché. . . . **3 fr.**

Commentaire de la loi du 10 décembre 1874 sur l'hypothèque maritime, par A. AUGIER, aide-commissaire de la marine. Gr. in-8°, broché. . . . . . . **1 fr. 25 c.**

Des Projets de réforme pénitentiaire. Études du programme et des moyens de mise à exécution, par Jules LALOU, inspecteur général des prisons et des établissements pénitentiaires. 1 vol. in-12, broché . . . . **3 fr. 50 c.**

Nancy, imprimerie Berger-Levrault et Cⁱᵉ.

www.ingramcontent.com/pod-product-compliance
Ingram Content Group UK Ltd.
Pitfield, Milton Keynes, MK11 3LW, UK
UKHW021632130726
13696UKWH00005B/2154